BEI GRIN MACHT SICH IHR WISSEN BEZAHLT

AF136347

- Wir veröffentlichen Ihre Hausarbeit, Bachelor- und Masterarbeit

- Ihr eigenes eBook und Buch - weltweit in allen wichtigen Shops

- Verdienen Sie an jedem Verkauf

Jetzt bei www.GRIN.com hochladen und kostenlos publizieren

Dienstleistungen und Service Management

GRIN ☺

Bibliografische Information der Deutschen Nationalbibliothek:

Die Deutsche Nationalbibliothek verzeichnet diese Publikation in der Deutschen Nationalbibliografie; detaillierte bibliografische Daten sind im Internet über http://dnb.d-nb.de abrufbar.

ISBN: 9783346385086
Dieses Buch ist auch als E-Book erhältlich.

Druck und Bindung: Books on Demand GmbH, Norderstedt Germany
Gedruckt auf säurefreiem Papier aus verantwortungsvollen Quellen

Das vorliegende Werk wurde sorgfältig erarbeitet. Dennoch übernehmen Autoren und Verlag für die Richtigkeit von Angaben, Hinweisen, Links und Ratschlägen sowie eventuelle Druckfehler keine Haftung.

Das Buch bei GRIN: https://www.grin.com/document/998931

Einsendeaufgabe

Alternative E

Abgegeben am 07.10.2019

SRH Fernschule

Modul: Dienstleistungen und Service Management

Studiengang: Wirtschaftspsychologie (B.Sc.)

Inhaltsverzeichnis

Abkürzungsverzeichnis

bzw.	beziehungsweise
etc.	et cetera
ggf.	gegebenenfalls
u.a.	unter anderem
S.	Seite
z.B.	zum Beispiel

Abbildungsverzeichnis

Vermerk

In dieser Arbeit wird aus Gründen der besseren Lesbarkeit das generische Maskulinum verwendet. Weibliche und anderweitige Geschlechteridentitäten werden dabei ausdrücklich mitgemeint, soweit es für die Aussage erforderlich ist.

E1 Darstellung von Dienstleistungsprozessen mithilfe eines Service Blueprint

Die Definition und Abgrenzung des Dienstleistungsbegriffes unterliegt einer gewissen Problematik, da die wenigsten erworbenen Leistungen „reine" Sachgüter oder Dienstleistungen sind. Oftmals zeigt auch das Ergebnis einer Leistungserstellung eine Kombination aus beiden Faktoren, womit sich ein äußerst heterogenes Feld der Dienstleistungen aufspannt, dass ein weites Spektrum an Angeboten umfasst. Somit kann die Herstellung eines Produktes ebenso eine Dienstleistung beinhalten, wie die Erstellung einer Dienstleistung ein Produkt beinhalten kann. Durch diese Überschneidung ist eine eindeutige Differenzierung eine Herausforderung und eine scharfe Trennung beider Bereiche ist fast unmöglich (Burr & Stephan, 2006, S. 18, 19, 23, 30; Haller, S. 2017, S. 7).

Im Wesentlichen handelt es sich bei Dienstleistungen um immaterielle Leistungen, deren typisches Merkmal die Gleichzeitigkeit von Produktion und Verbrauch ist, wohingegen in der Warenproduktion materielle Güter produziert werden (Gabler Wirtschaftslexikon Dienstleistungen). Somit ist eine Dienstleistung jede Aktivität, die dem Ziel der Bedürfnis- oder Wunschbefriedigung von Konsumenten auf dem Mark dient.

Wesentliche Charakteristika, die nahezu auf alle Dienstleistungen zutreffen und somit eine Divergenz zu Sachgütern erkennen lassen umfassen unter anderem:

- Immaterialität: Dienstleistungen sich nicht physisch greifbar (Intangibilität) und dadurch nicht lagerbar und transportierbar

- Der Leistungsfähigkeit des Dienstleisters sind zeitliche (und körperliche) Grenzen gesetzt

- Dienstleistungen sind ein Versprechen (die Qualitätsbeurteilung ist ex ante nur schwer möglich) und mit Qualitätsschwankungen verbunden (Human-Faktor)

- Dienstleistungen sind durch das Uno-Actu-Prinzip bestimmt (Produktion und Konsum fallen zeitlich zusammen), dadurch ist auch die Integration des Kunden als externer Faktor nötig (Burr & Stephan, 2006, S. 21, 22, 30; Haksever & Render, 2013, S. 20; Haller, 2017, S. 8, 9; Nerdinger, 2011, S. 15)

Zur Qualitätssicherung und um den Zeit- und Kosteneinsatz zu minimieren ist es wichtig Ablaufprozesse von Dienstleistungen innerhalb von Unternehmen zu dokumentieren und zu standardisieren. Bei diesem Prozess kann ein Service Blueprint unterstützen, indem der Ablaufprozess einer Dienstleistung visualisiert und somit konkretisiert und standardisiert wird.

Service Blueprint zur Visualisierung von Dienstleistungsprozessen

In der Literatur lassen sich verschiedene Ansätze zum Service Blueprint finden, die zum Teil aufeinander aufbauen (Becker et al. 2009). Um den Umfang dieser Arbeit nicht zu überschreiten, soll hier lediglich ein Überblick über die Thematik geboten werden.

Die Methode des Service Blueprint ist speziell auf Dienstleistungen ausgerichtet. Ein Service Blueprint stellt den Leistungserstellungsprozess mit allen dafür notwenigen Prozessschritten, Ereignissen und Entscheidungen visuell in einem chronologischen Ablaufdiagramm dar. Die Besonderheit liegt in der gleichzeitigen Darstellung der Kunden- und Anbietersichtweise und allen Schnittstellen in deren Interaktion. Ein Prozess ist dabei die logische Abfolge zusammenhängender Vorgänge, um eine Dienstleistung zu erbringen (Fließ, 2009, S.139).

Die Visualisierung und grafische Darstellung eines chronologischen Ablaufdiagramms erlaubt eine gleichzeitige Darstellung der Kundensichtweise und der Anbietersichtweise. Es wird sowohl die Rolle des Einzelnen in der Dienstleistungserstellung als auch die Gesamtheit der Akteure und ihre Interkation und Abhängigkeit zwischen den verschiedenen Ebenen dargestellt. Produkte und Materialen werden nicht direkt im Service Blueprint dargestellt. Das Ziel ist es mögliche Schwachstellen aufzuzeigen und die Abläufe zu optimieren. Der Service Blueprint kann helfen die Kundenzufriedenheit aufrecht zu erhalten oder zu verbessern und die Effektivität und die Effizienz steigern um somit Zeit und Kosten zu sparen (Burr & Stephan, 2006, S. 136; Kotler, Keller & Bliemel, 2007, S. 553).

Die Vorteile der Methode umfassen unter anderem:

- Die Nutzerzentriertheit: Die grafische Darstellung wird aus der Handlung des Kunden aus aufgebaut - dies ermöglicht es den Betrachtungswinkel zu ändern und die eigene Perspektive zu überdenken

- Die Skalierbarkeit: Das Schema eines Service Blueprint kann immer wieder erweitert werden und nach Bedarf detaillierter dargestellt werden

- Wiederverwendbarkeit: Bei Veränderungen sind einfache Anpassungen möglich

- Die Flexibilität: Ein Blueprint kann einfach mit anderen Methoden kombiniert werden

- Schwachstellen sind einfach darstellbar und somit erklärbar

Die theoretisch geplante Reihenfolge aller Prozessschritte soll durch ein Ablaufdiagramm mit der Praxis in Einklang gebracht werden (Burr & Stephan, 2006, S. 136). Der Service Blueprint ordnet die einzelnen Aktivitäten des Dienstleistungsprozesses in einem zeitlichen Ablauf und nach der Nähe zum Kunden ein. Eine Unterscheidung in kundennahe und kundenferne Bereiche ermöglicht eine vollständige Strukturdarstellung der zu erbringenden Leistungen. Es werden alle Situationen vom Kundenkontakt bis zu dem im Hintergrund (kundenfernen) ablaufenden Tätigkeiten erfasst. Dadurch können folgende Informationen einfach dargestellt werden: Zeitliche Abläufe, Entscheidungssituationen, Fehlerquellen und Schwachstellen und somit Schnittstellen (und mögliche Probleme) in für den Kunden sichtbare und unsichtbare Bereiche (Haller, 2017, S. 132; Corsten & Gössinger, 2015, S. 399).

Notation der einzelnen Prozessschritte

Um die Lesbarkeit und Verständlichkeit von Prozessmodellen zu gewährleisten wird eine Modellierungskonvention zugrunde gelegt. Es werden folgenden Grundsätzen und Regel ordnungsmäßiger Modellierung beachtet, neben Richtigkeit, Relevanz, Wirtschaftlichkeit, Klarheit, Vergleichbarkeit und systematischer Aufbau wird der Prozess von links nach rechts sowie mit einem Start- und Endereignis dargestellt (Kleinaltenkamp, 1999, S. 33, 34). Für die übersichtliche Darstellung wird auf Symbole als Darstellungselemente zurückgegriffen.

Die Ebenen im Service Blueprinting

Die Darstellung der einzelnen Prozessschritte erfolgt entsprechend ihrer Nähe zum Kunden. Um dieses besser visuell darstellen zu können, können je nach Bedarf verschiedenen vertikale Linien eingesetzt werden. „Versteht man das Blueprinting somit grundsätzlich als ein Instrument nicht nur zur Visualisierung, sondern auch zur

Strukturierung von Dienstleistungsprozessen, dann stellt sich die Frage, nach welchen Kriterien eine solche Gliederung der Unternehmensaktivitäten vorgenommen werden soll" (Kleinaltenkamp, 2000, S. 10).

Sichtbarkeitslinie / Kundeninteraktionslinie (Line of (external) Interaction): Diese Linie trennt die Aktivitäten des Kunden von den Aktivitäten des Dienstleisters.

Externe Interaktionslinie oder Sichtbarkeitslinie (Line of Visibility): Unterteilt den für Kunden sichtbaren Bereich nochmals. Oberhalb dieser Line liegen alle Aktivitäten, bei denen der Kunde selbst aktiv mitarbeitet und somit für den Empfänger sichtbar sind. Unterhalb dieser Linie befindet sich alle Tätigkeiten, die nicht im Sichtfeld des Kunden durch den Anbieter erbracht werden.

Interne Interaktionslinie (Line of internal Interaction): Leistungen werden durch Mitarbeiter erbracht und unterstützt, die selbst nicht im direkten Kontakt mit dem Kunden stehen. Ohne diese Unterstützung wäre ein reibungsloser Dienstleistungsprozess nicht möglich. Aus diesem Grund sind geregelte Prozesse notwendig um die Leistungserstellung zu gewährleisten (Fließ, 2009 S. 195; Haller 2017, S.132-133).

Vorgehen beim Service Blueprinting

Die Interkationen zwischen Kunde und Dienstleiter werden systematisch illustriert und chronologisch strukturiert. Ein Service Blueprint ist eine theoretisch geplante Reihenfolge von Ablaufschritten und muss deshalb mit der Praxis erprobt werden und ggf. angepasst werden. Allerdings werden wiederum im Service Blueprint mögliche Problemfelder sichtbar gemacht und können somit angepasst werden. Viele Dienstleistungen werden interdisziplinär erbracht, dies bedeutet dass viele Bereiche und Disziplinen zusammenarbeiten um eine Leistung zu erbringen. Am Beispiel eines Hotels würde dies Bedeuten das die verschiedenen Abteilungen (Front-Office, Restaurant, Housekeeping etc.) erfolgreich und zielgerichtet zusammenarbeiten müssen um eine qualitativ hochwertige Dienstleistung erbringen zu können.

Je nach gewählter Literatur werden unterschiedlich viele Schritte zur Erstellung eines Service Blueprints festgelegt. Zur Erstellung des Service Blueprint für ein Restaurant (nachfolgend dargestellt) wurden folgende Schritte bedacht:

1. Festlegung des Dienstleitungsrahmens, Einteilung und Strukturierung der Dienstleistung in Teilprozesse.

2. Herausarbeitung möglicher Berührungspunkte zwischen Kunden und Anbieter und somit möglicher Fehlerquellen. Die Aktivitäten des Anbieters im Hintergrund ohne Kundenkontakt aufzeigen und die unterstützenden Prozesse im Hintergrund darstellen, inklusive dem verknüpfen mit anderen Bereichen, die an der Dienstleistungserstellung beteiligt sind.
3. Festlegung zeitlicher Standards und Toleranzen für jeden einzelnen Teilbereich.
4. Überprüfung der Wirtschaftlichkeit und Umsetzbarkeit.
5. Wenn nötig Modifizierung und Anpassung der dargestellten Service Leistung (Rama Mohana Rao, 2009, S. 134, 135).

Beispiel eines Service Blueprint

Ein Beispiel für ein Service Blueprint ist ausschnittsweise in der folgenden Abbildung dargestellt und veranschaulicht. Es geht in diesem Service Blueprint um einen Restaurantbesuch.

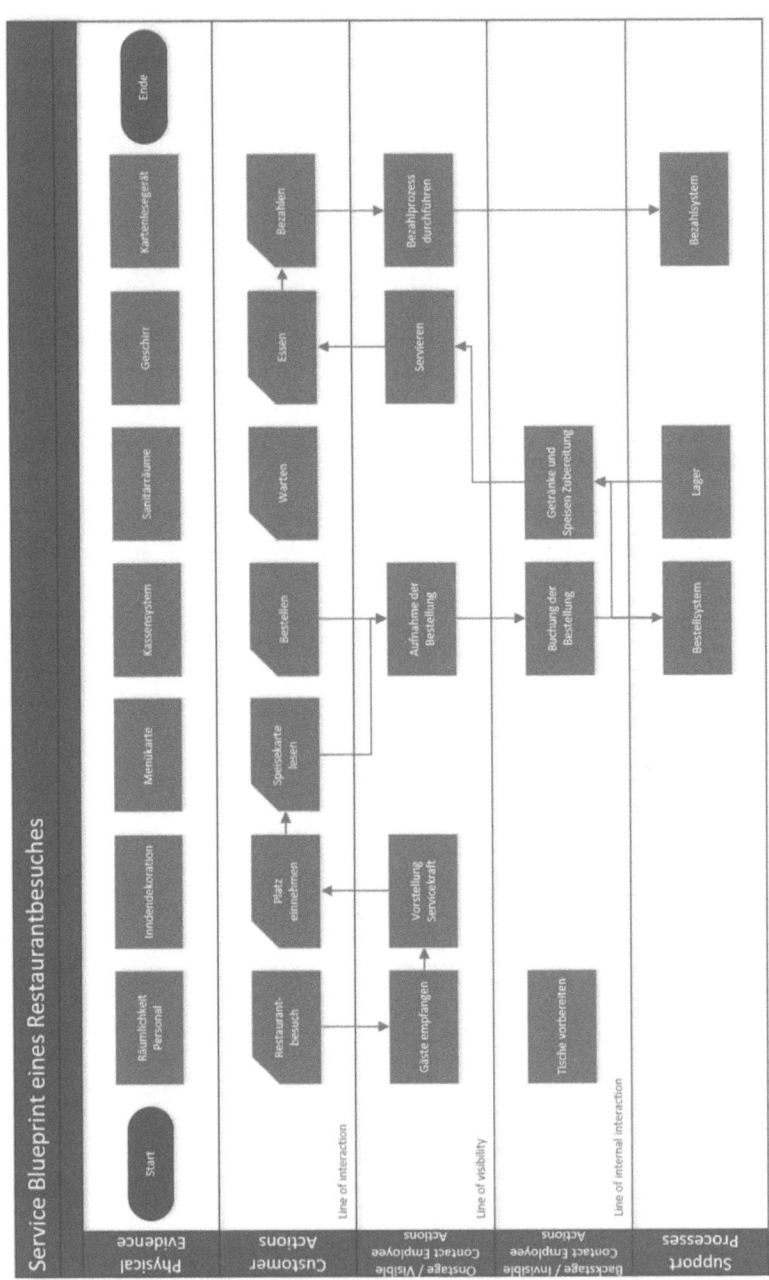

Abbildung 1: **Beispiel eines Service Blueprint für einen Restaurantbesuch**
(Eigene Darstellung in Anlehnung an Bitner et al., 2007)

10

E2 Beschwerdemanagement bei Dienstleistungen

Eine Beschwerde im wirtschaftlichen Umfeld ist eine negative Äußerung eines Geschäftspartners (z.B. eines Kunden oder Lieferanten), also jegliche Ausdrucksform von Unzufriedenheit (Duden). Ein Beschwerdeführer verbindet mit seiner Beschwerde in der Regel ein konkretes Ziel. Dies kann folgendes Beinhalten: Die Korrektur eines Fehlers, Ersatz von Schäden und / oder der Erstattung von Aufwendungen, eine Entschuldigung oder die Revision einer Entscheidung (Weyerer, 2019, S. 21, 25).

Als Beschwerdeführer kann ein Individuum, ein Unternehmen oder eine Institution auftreten. Die Unzufriedenheit wird mündlich oder schriftlich übermittelt und nicht zwangsweise als Beschwerde tituliert. Auch muss eine Beschwerde nicht direkt gegenüber dem Unternehmen hervorgebracht werden, sondern kann auf indirektem Weg (u.a. gegenüber Behörden, Verbraucherorganisationen, Medien und sozialen Medien) hervorgebracht werden (Stauss & Seidel, 2015, S. 28).

Die Beschwerde eines Kunden sollte aber nicht als gänzlich negativ betrachtet werden. Vielmehr ist sie ein Zeichen von aktivem Kundeninteresse, ein wertvolles Feedback in Bezug auf ein gegebenes Verbesserungspotenzial und eine Chance die Kundenbeziehung durch eine sachgerechte, schnelle und kulante Abwicklung der Beschwere zu stärken. Auch eine Anwerbung von anderen potenziellen Kunden durch Zufriedenheitsbekundungen ist hierbei möglich (Niefind & Wiegran, 2010, S. 24, 25).

Somit können Beschwerden einerseits zur Messung der Kundenzufriedenheit andererseits zu dessen Steigerung dienen. Eine geringe Zahl an Kundenbeschwerden ist ausserdem kein aussagekräftiges Indiz für die Kundenzufriedenheit, deshalb sollte ein generelles Ziel darin bestehen den Anteil an Kundenfeedback (positiv wie negativ) zu erhöhen. Ein funktionierendes Beschwerdemanagement vermittelt dem Kunden auch das ernsthafte Interesse an dessen Feedback (Stauss & Seidel, 2015, S. 33; Stauss & Seidel, 2002, S. 95 - 97).

Ziel und Aufgabe des Beschwerdemanagement

Das priorisierte Ziel eines Beschwerdemanagement ist die Unzufriedenheiten auf Kundenseite zu analysieren und einer Beschwerde positiv gegenzusteuern um die Kundenzufriedenheit trotz eines negativen Ereignisses aufrechtzuerhalten, wiederherzustellen und zukünftige Fehler bzw. Ereignisse selbiger Art zu vermeiden. Hinzu kommt die Vermeidung von Kosten durch Haftung oder Nachbesserung. Somit umfasst Beschwerdemanagement alle systematischen Maßnahmen, die ein Unternehmen bei Beschwerden ergreift um sowohl ein strategisches Kundenbeziehungsmanagement als auch ein Qualitätsmanagement zu ermöglichen (Stauss & Seidel, 2015, S.4, 15; Weyerer, 2019, S. 31, 34). „Beschwerdezufriedenheit ist die Zufriedenheit des Kunden mit der unternehmerischen Antwort auf seine Beschwerde" (Stauss, 2013, S. 406).

Besonderheiten des Beschwerdemanagements bei Dienstleistungen

Wie in Aufgabe E1 erwähnt, unterscheiden sich Dienstleistungen durch die konstitutiven Merkmale im Wesentlichen von der Warenproduktion. Deshalb ist es für den Kunden schwierig, vorab eine eigene realistische Erwartung in Bezug auf die Qualität der gewünschten Leistung zu generieren, sondern muss ein erhöhtes Kaufrisiko im Vergleich zu Sachgütern hinnehmen (Gabler Dienstleistungsmarketing).

Durch die unabdingbare Kommunikation bei der Leistungserstellung ist eine sofortige Unzufriedenheitsartikulation eines Kunden möglich. Die direkte Unzufriedenheitsbekundung und die Integration des Kunden in den Leistungserstellungsprozess, kann sowohl ein Vorteil als auch einen Nachteil bieten. Der Grad der Individualisierung stellt eine weitere Besonderheit dar, da Dienstleistungen weniger gut standardisierbar sind als Sachleistungen. Dies bedeutet das eine einheitliche Beurteilung und Bewertung sehr schwierig ist. Dienstleistungen werden oft von unterschiedlichen Personen erbracht - somit spielt auch der „Faktor-Mensch" in die Erbringung und die Beurteilung einer Dienstleistung mit ein. Ausserdem spielt die Art der Dienstleistung und die Intensität des Kontaktes zwischen Dienstleister und Kunde eine Rolle. In einem Hotel ist die Interaktion mit einem Kunden um einiges höher als in einem Fast-Food Restaurant (Burr & Stephan, 2006, S. 21, 22; Gabler Dienstleistungsmarketing; Haller, 2017, S. 8, 9; Nerdinger, 2011, S. 15).

Der Beschwerdemanagementprozess

Beschwerdestimulation

Kundenzufriedenheit und Loyalität kann nur erreicht werden, wenn es möglich ist Kundenunzufriedenheit zu analysieren um darauf zu reagieren. Dazu ist ein Feedback des Kunden nötig. Kunden müssen oftmals dazu bewegt und ermutigt werden sich zu äußern und sie müssen dies auch tun dürfen und können (Stauss & Seidel, 2014, S. 98;

Weyerer, 2019, 35). Hierfür sollten dem Beschwerdeführer verschiedene Kanäle zur Verfügung gestellt werden. Dies kann bedeuten das der Beschwerdeführer schriftlich (z.B. per E-Mail oder Brief) oder mündlich (persönlich oder per Telefon) an das Unternehmen herantreten kann (Weyerer, 2019, S. 40).

Beschwerdeannahme

Der zweite Schritt im Beschwerdemanagementprozess ist die Annahme einer Kundenbeschwerde. Diese wird auf verschiedenen Kanälen an das Unternehmen herangetragen und ist der erste Kontakt, den der Kunde nach einer erlebten Unzufriedenheit aufnimmt. Mündlich überlieferte Beschwerden (persönlich oder per Telefon) erfordern eine sofortige erste Reaktion eines Mitarbeiters. Wohingegen schriftliche Beschwerden per E-Mail oder Fragebogen eine etwas verzögerte Reaktion erlauben. An dem Punkt der Beschwerdeannahme entscheidet sich, je nach gezeigter unternehmerseitiger Reaktion, ob die Unzufriedenheit des Kunden zunimmt oder dieser erfolgreich gegengesteuert wird und es zu einer Reduktion der erlebten Unzufriedenheit kommt. Die bedeutet das die Annahme einer Beschwerde (egal auf welchem Weg übermittelt) immer nach einer klaren und strukturieren Vorgehensweise bearbeitet werden muss (Stauss & Seidel, 2014, S, 83 – 85, 125).

Beschwerdebearbeitung und Reaktion in Bezug auf den Beschwerdeführer

Ein einheitlicher Beschwerdebearbeitungsprozess ist Voraussetzung für eine zielgerichtete Beschwerdebearbeitung. Hierzu zählt auch die einheitliche Dokumentation von Beschwerden. Durch die schriftliche Dokumentation ergibt sich zum einen dass der Beschwerdeführer sich ernst genommener fühlt und zum anderen ein Kontrollinstrument. Die Schriftform ermöglicht eine verbindliche Beschwerdebearbeitung, z.B. wenn verschiedene Personen an der Beschwerdebearbeitung involviert sind, ausserdem ist eine spätere Auswertung von Beschwerden möglich.

Die Beschwerdebearbeitung umfasst die Bearbeitung und Verarbeitung der Beschwerde. Es geht dabei darum die Beschwerde zu prüfen und eine Lösung für diese zu finden. Oftmals fallen Beschwerdeannahme und -bearbeitung zusammen und bieten somit die Möglichkeit schon beim Erstkontakt eine Problemlösung zu bieten. Dennoch ist eine schriftliche Aufnahme, Weiterleitung und interne Bearbeitung der Beschwerde durch die entsprechenden Personen oder Abteilungen ratsam um einen Mehrwert zu generieren. Ist eine unmittelbare Problemlösung nicht möglich, müssen weitere Schritte erfolgen um die Beschwerdezufriedenheit des Kunden zu ermöglichen. Wichtig ist hierbei den Beschwerdeführer mit Zwischenfeedback auf dem Laufenden über den aktuellen Stand seiner Beschwerde zu halten bis eine endgültige Lösung gefunden wurde (Stauss & Seidel, 2009, S. 84).

Beschwerdebearbeitung unternehmensintern / Auswertung einer Beschwerde (indirekter Beschwerdemanagementprozess)

Beim indirekten Beschwerdemanagementprozess geht es um die Bearbeitung einer Beschwerde unternehmensintern um einen Mehrwert daraus zu ziehen. Hierzu werden Informationen zur Beschwerde gesammelt und analysiert. Für ein Hotel kann dieses Monitoring zum Beispiel bedeuten, das Beschwerdeaufkommen je Abteilung zu analysieren. Vielfach vorgetragene Beschwerden können auf ein grundlegendes Problem hindeuten, dies kann aber nur mit qualitativer Beschwerdeauswertung ermöglicht werden.

Beschwerdereaktion dem Kunden gegenüber

Die Reaktion auf die Beschwerde steht am Ende des Beschwerdemanagementprozesses. Für den Beschwerdeführer zählen hier alle Tätigkeiten und Aktivitäten, die wahrgenommen werden um ein vorgetragenes Problem zu lösen. Es ist wichtig in welchem Ausmaß und zeitlichen Rahmen eine Reaktion erfolgt (Stauss & Seidel, 2014, S. 183).

Die Reaktion auf die Beschwerde muss in diesem Schritt an den Beschwerdeführer verständlich herangetragen werden. Eine Beschwerdelösung ist oftmals mit einer Art von Kompensation verbunden. Einem Unternehmen stehen grundsätzlich drei Kompensationsmöglichkeiten zur Verfügung: Finanziell, materiell oder immateriell (Stauss & Seidel, 2014, S. 218). Unabhängig von weiteren Kompensationen ist eine immaterielle Reaktion in Form von Informationen, Erklärungen und / oder Entschuldigungen die einfachste und oftmals angebrachteste Reaktionsform. Ein Unternehmen muss eine Entscheidung darüber treffen in welchem Ausmaß eine Beschwerdereaktion erfolgt, auch in Hinblick auf wirtschaftliche Sinnhaftigkeit.

Beschwerdeerfassung durch das Unternehmen

Nachfolgend soll ein Formular zur Beschwerdeerfassung für die Rezeption eines Hotels vorgestellt werden. Mithilfe dieses Formulars soll der Beschwerdemanagementprozess zügig und strukturiert abgewickelt werden und eine anschließende Analyse von Gastbeschwerden erleichtern.

Eine schriftliche Beschwerdeerfassung unterstützt nicht nur die Dokumentation, sondern auch die Weitergabe von Informationen an nachfolgende Schichten im Hotel. Gerade für das Front Office ist es wichtig zu wissen welche Beschwerden aktuell vorliegen oder wie die letzten Beschwerden bearbeitet wurden.

Um zu gewährleisten das sich Gäste bei der Beschwerdeführung ernstgenommen fühlen und damit eine Beschwerde richtig bearbeitet wird ist eine schriftliche Dokumentation unumgänglich. Ein Formular für Beschwerdeerfassung kann helfen alle zur Beschwerdelösung und Verarbeitung nötigen Daten zu erfassen. Durch eine festgelegte Vorgehensweise bei der Beschwerdeerfassung ist es auch möglich diese strukturiert an andere Abteilungen verständlich weiterzuleiten.

```
1. Beschwerdeeingang
Entgegengenommen durch: _____        Datum: _____
Beschwerdekanal:
☐    Persönlich ☐   Per E-Mail ☐    Telefon  Sonstiges: _____


2. Daten des Beschwerdeführers (Angaben freiwillig)
   Name, Vorname:   _____
       Adresse:     _____
        E-Mail:     _____
       Telefon:     _____
  Zimmernummer:     _____


3. Betroffene Arbeitsbereiche
☐     Front Office      ☐   Restaurant A  ☐   Haustechnik
☐     Housekeeping      ☐   Restaurant B  ☐   Wäscherei
Sonstiges     _____


4. Sachverhalte der Beschwerde
┌──────────────────────────────────────────────────────────┐
│                                                            │
│                                                            │
│                                                            │
└──────────────────────────────────────────────────────────┘

Wunsch des Beschwerdeführers: _____


5. Beschwerdebearbeitung
Direkte Bearbeitung möglich:      ☐   ja   ☐   nein
Zusage an den Beschwerdeführer: _____
Weiterleitung der Beschwerdebearbeitung:
☐     Direktion    ☐   Front Office Manager  ☐   Manager on duty
☐     Sonstige     _____
Rückmeldung zur Beschwerde bis: _____
Bearbeitung der Beschwerde bis: _____


6. Beschwerdelösung
Vereinbarung mit dem Beschwerdeführer: _____
Realisierte Lösung: _____
Kein Abschluß? Begründung: _____


_____
Datum / Unterschrift
```

Abbildung 2:   Exemplarisches Formular zur Erfassung einer Beschwerde
(Quelle: eigene Darstellung)

E3 Ziele im Dienstleistungsmarketing

Unternehmensziele dienen dazu Maßstäbe zu setzen an denen unternehmerisches Handeln gemessen werden kann um somit das unternehmerischen Kalkül zu gewährleisten. Ziele ermöglichen es dem Unternehmensmanagement getroffene Entscheidungen retrospektiv zu analysieren. Im unternehmerischen Handeln dienen genau definierte Ziele als eine Kontrollfunktion, eine Koordinationsfunktion und gleichzeitige als eine Motivationsfunktion. Zu den bedeutendsten Unternehmenszielen zählen der Absatz, der Marktanteil, der Deckungsbeitrag, Umsatz und Gewinn (Meffert & Bruhn, 2000, S. 150; Wöhe, 2016, S.65). „Unter Dienstleistungsmarketing werden die Analyse, Planung, Implementierung und Kontrolle sämtlicher Aktivitäten eines Dienstleistungsunternehmens verstanden, die einer Ausrichtung des Leistungsprogramms und der Geschäftsbeziehung am Kundennutzen dienen" (Gabler Wirtschaftslexikon Dienstleistungsmarketing).

Besonderheiten im Dienstleistungsmarketing

Die Marketingunterschiede ergeben sich aus den konstitutiven Merkmalen von Dienstleistungen. Im Wesentlichen umfassen die Besonderheiten im Dienstleistungsmarketing folgende konstitutive Merkmale: Die Immaterialität der Dienstleistung, die Nichtlagerfähigkeit, die Individualität, die Nichttransportfähigkeit, das wahrgenommene Kaufrisiko und die Integration des externen Faktors (Burr & Stephan, 2006, S. 21, 22, 30; Haller, 2017, S. 8, 9). Die wenigsten Leistungen sind „reine" Sachgüter oder „reine" Dienstleistungen, sondern weißen beide zumindest immer einen geringen Anteil des Anderen auf. Bei Sachgütern lässt sich Qualität leicht überprüfen, messen und vergleichen. Wohingegen bei Dienstleistungen dies nicht so einfach möglich ist (Burr & Stephan, 2006, S. 18, 19, 23, 30; Haller, S. 2017, S. 7).

Ohne eine bestehen Leistungsfähigkeit eines Anbieters ist eine Erbringung von Dienstleistungen nicht möglich. Die Leistungsfähigkeit betrifft sowohl die menschliche Leistungsfähigkeit in Form von Fertigkeiten und Fähigkeiten und automatische Leistungsfähigkeiten. Durch diese und andere Besonderheiten von Dienstleistungen haben es Dienstleistungsunternehmen schwerer, im Vergleich zu Sachgüterproduzenten, eine Konstante Qualität zu gewährleisten. Dienstleistungen zeichnen sich durch einen hohen Anteil an Erfahrungs- und Vertrauenseigenschaften aus, da eine Beurteilung der Dienstleistungsqualität im Vorfeld der Inanspruchnahme nicht möglich ist. Dadurch ist das Kaufrisiko erhöht und die Vertrauensgewinnung eine zentrale Aufgabe von Dienstleistungsmarketing (Burr & Stephan, 2006, S. 21, 22, 30; Haller, 2017, S. 8, 9; Haksever & Render, 2013, S. 20; Nerdinger, 2011, S. 15).

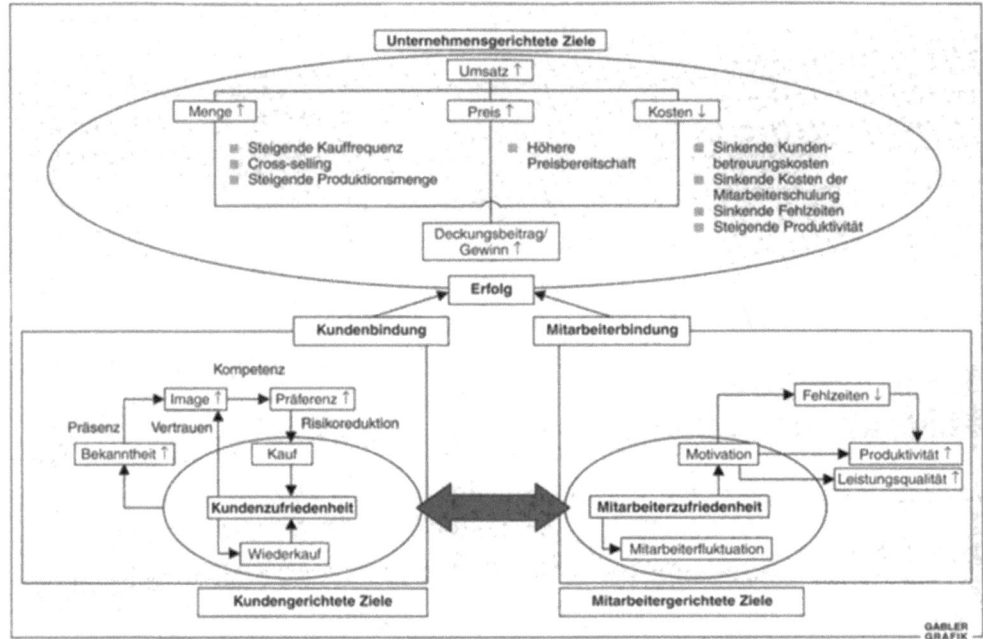

Abbildung 3:   Zielsetzung eines Dienstleistungsanbieters
(Quelle: Meffert & Bruhn, 2000, S. 151)

Ziele eines Dienstleistungsunternehmens am Beispiel eines Hotels

In Unternehmen gibt es zwei Möglichkeiten Ziele für ein Dienstleistungsunternehmen zu gliedern: Zielarten nach Basiskategorien und Zielarten nach potenzial-, prozess-, und ergebnisorientierten Dimensionen (Meffert & Bruhn, 2000, S. 148).

Eine Variante der Segmentierung stellt die Einteilung in Basiskategorien von Zielen da. Zu den möglichem Einteilung nach Basiskategorien gehören unter anderem: Ökonomische Ziele (Gewinn, Umsatz), Rentabilitätsziele (Umsatzrentabilität), Marktstellungsziele (Marktanteil, Marktgeltung), finanzielle Ziele (Liquidität, Kreditwürdigkeit), psychologische Ziele (Zufriedenheit, Kundenbindung), Prestigeziele (Image, Unabhängigkeit), soziale Ziele (mitarbeiterorientiert – Mitarbeiterzufriedenheit, Soziale Sicherheit), soziale Ziele (gesellschaftsorientiert - Austausch mit relevanten

18

Stakeholdern), ökologische Ziele (Erfüllung ökologischer Auflagen) (Meffert & Bruhn, 2000, S. 148, 149).

Ziele können außerdem in potential-, prozess- und ergebnisorientierte Dimensionen eingeteilt werden. Potentialorientierte Ziele beziehen sich auf Ressourcen, die ein Unternehmen bereit und fähig ist zur Verfügung zu stellen. Prozessorientierte Ziele beziehen sich auf interne und externe Dienstleistungsprozesse. Ergebnisorientierte Ziele werden in der Regel aus Kundensicht formuliert, beziehen sich also auf das Ergebnis nach der Inanspruchnahme der Dienstleistung (Meffert & Bruhn, 2000, S. 148, 149).

In jedem Fall geht es darum, die Ziele des Unternehmens mit denen der Kunden und Mitarbeiter in Übereinstimmung zu bringen. Ein Wirtschaftsunternehmen wie zum Beispiel ein Hotel hat in der Regel das Ziel in jedem Geschäftsjahr seinen Gewinn zu maximieren und gleichzeitig kosteneffizient zu Arbeiten. Gleichzeitig hat die Gastronomie Schwierigkeiten qualifiziertes Personal zu finden und muss somit die Mitarbeiterbindung sichern und attraktiv für neue Mitarbeiter zu bleiben. Hinzukommt die Steigerung von Kundenbindung und Kundenzufriedenheit und die Gewinnung von Neukunden um konkurrenzfähig zu bleiben.

Unternehmens gerichtete Ziele

Gewinn- und Umsatzsteigerung und somit die Sicherung der eigenen Existenz sind in aller Regel die grundlegenden Ziele eines Unternehmens. Unternehmensziele stellen Richtgrößen für unternehmerischen Handeln dar. Hierzu zählen auch Ziele wie Wachstum, Kostensenkung und die Aufrechterhaltung der Liquidität zu den finanziellen Zielen (Meffert & Bruhn, 2012. S. 136, 137).

Kunden gerichtete Ziele

Im Dienstleistungssektor sind Ziele die den Kunden fokussieren besonders wichtig, da Kunden gerichtete Ziele die Beeinflussung von Einstellung und Verhalten der (potenziellen) Zielgruppe einschließen. Durch die subjektive Wahrnehmung von Kunden wird die objektive Beurteilung von Dienstleistungen zum Problem. Deswegen sind ein positives Image und die Generierung eines guten Rufes und Bekanntheitsgrades wichtig (Meffert & Bruhn, 2012. S. 205).

Mitarbeiter gerichtete Ziele

Zufriedene und motivierte Mitarbeiter sind ein Schlüssel zum Aufbau von Leistungs-qualität gegenüber dem Kunden. Dies führt wiederum zu einer Kundenzufriedenheit und somit zu unternehmerischem Erfolg.

Die Interaktion mit dem Kunden ist bei der Dienstleistungserstellung ein grundlegender Faktor, weshalb eine anhaltende Leistungsfähigkeit der Mitarbeiter gewährleistet wer-den muss (Meffert & Bruhn, 2012, S. 138; Haller, 2017, S. 74).

Zielformulierung am Beispiel eines Hotelbetriebes

Ziele sollten generell immer SMART formuliert werden. Auf Grund der umfangreichen Literatur soll hierauf allerdings nicht näher eingegangen werden. Es soll im beispiel-haft dargestellten Dienstleistungsunternehmen erste Ziele formuliert und die Zielbe-ziehung verdeutlicht werden.

Beispiele für Unternehmens gerichtete Ziele:

- Erhöhung der Umsatzes im aktuellen Geschäftsjahr im Vergleich zum Vorjahr um 5%
- Cross-Selling von Zusatzangeboten im Hotel (Massage, Restaurant etc.) an jeden zehnten Kunden

Die genannten Ziele sprechen den Absatz, Umsatz und den Gewinn an.

Beispiele für Kunden gerichtete Ziele:

- Innerhalb des neuen Geschäftsjahres soll das positive Kundenfeedback bei der Kundenumfrage um x% steigen
- Die Rate der wiederkehrenden Kunden soll mit einem Bonusprogramm um x% gesteigert werden

Beispiele für Mitarbeiter gerichtete Ziele:

- Innerhalb des neuen Geschäftsjahres soll die Wochenarbeitszeit von 40 auf 38 reduziert werden
- Die Abwanderung von Mitarbeitern zur Konkurrenz soll auf x% gesenkt wer-den

Zielbeziehungen

Zielbeziehungen verdeutlichen ob sich zwei oder mehrere Ziele gegenseitig beeinflussen. Wird durch die Erreichung eines Zieles ein weiteres Ziel erreicht so wird von komplementären Zielen gesprochen. Eine konfliktäre Beziehung entsteht dadurch, dass sich Ziele behindern oder gegenseitig ausschließen. Ziele die sich nicht gegenseitig beeinflussen werden indifferente Ziele genannt.

Am Beispiel würden sich folgende Zielbeziehungen ableiten:

Komplementäre Ziele: Die Einfügung eines Bonusprogrammes kann gleichzeitig für Neukunden attraktiv sein und den Umsatz steigern.

Konkurrierende Ziele: Die Steigerung des Umsatzes ist in der Regel mit Arbeitsaufwand und -zeit verbunden. Im Gegensatz dazu soll die Arbeitszeit aber gekürzt werden, weswegen die Ziele konkurrieren.

Indifferente Ziele: Die Steigerung des Umsatzes steht in keiner direkten Korrelation mit der Erhöhung des positiven Kundenfeedbacks.

Literaturverzeichnis

Becker, Jörg et al. (2009): *Modellierung der hybriden Wertschöpfung: Eine Vergleichsstudie zu Modellierungstechniken, Arbeitsberichte des Instituts für Wirtschaftsinformatik, Westfälische Wilhelms-Universität Münster, No. 125, Inst. Für Wirtschaftsinformatik*, Münster. Zugriff am 29.09.2019. Verfügbar unter https://www.econstor.eu/bitstream/10419/59559/1/718437209.pdf

Burr, W., Stephan M. (2006) *Dienstleistungsmanagement. Innovative Wertschöpfungskonzepte für Dienstleistungsunternehmen.* Kohlhammer. Stuttgart.

Bruhn, M., Meffert, H., Hadwich, K. (2012) *Handbuch Dienstleistungsmarketing Planung – Umsetzung - Kontrolle.* 2., Auflage. Springer Gabler. Wiesbaden.

Bitner, M. J., Ostrom, A., Morgan, F. (2007) *Service Blueprinting: A Practical Technique for Service Innovation*, Working Paper, Arizona State University, Center for Services Leadership.

Corsten H., Gössinger, R. (2015) *Dienstleistungsmanagement.* 6., vollständig überarbeitete und aktualisierte Auflage. De Gruyter. Berlin/Boston.

Duden: Beschwerde. *Beschwerde.* Zugriff am 01.10.2019. Verfügbar unter https://www.duden.de/rechtschreibung/Beschwerde

Fließ, S. (2009) *Dienstleistungsmanagement. Kundenintegration gestalten und steuern.* 1. Auflage. Gabler. Wiesbaden.

Gabler Wirtschaftslexikon. *Dienstleistungsmarketing.* Zugriff am 30.09.2019. Verfügbar unter https://wirtschaftslexikon.gabler.de/definition/dienstleistungsmarketing-27309

Gabler Wirtschaftslexikon. *Dienstleistungen.* Zugriff am 30.09.2019. Verfügbar unter: https://wirtschaftslexikon.gabler.de/definition/dienstleistungen-28662

Haksever, C., Render, B. (2013) *Service Management and Operations: An Integrated Approach to Supply Chain Management and Operations.* Pearson Education: New Jersey.

Haller, S. (2017) *Dienstleistungsmanagement. Grundlagen-Konzepte-Instrumente.* 7., aktualisierte Auflage. Springer. Wiesbaden.

Kleinaltenkamp, M. (1999) *Service-Blueprinting – Nicht ohne einen Kunden: Ein Instrument zur Steigerung der Effektivität und der Effizienz von Dienstleistungsprozessen.* In: Technischer Vertrieb. 1. Jg., Heft 2, 1999, S. 33-39

Kotler, P., Keller, K. L., Bliemel, F. (2007) *Marketing-Management. Strategien für wertschaffendes Handeln.* 12., aktualisierte Auflage. Pearson Studium. München.

Meffert, H.; Bruhn, M. (2000) *Dienstleistungsmarketing. Grundlagen – Konzepte – Methoden*. 3., vollständige überarbeitete und erweiterte Auflage. *Gabler: Wiesbaden*.

Meffert, H.; Bruhn, M. (2012) *Dienstleistungsmarketing. Grundlagen-Konzepte-Methoden*. 7., überarbeitete und erweiterte Auflage. Springer Gabler. Wiesbaden.

Nerdinger, F. (2011) *Psychologie der Dienstleistung*. Hogrefe: Göttingen.

Niefind, F.; Wiegran, A. (2010) *Was sind Beschwerden?* In: Ratajczak, O. (Hrsg.) Erfolgreiches Beschwerdemanagement. Wege zur Prozessverbesserung und Kundenzufriedenheit. 1 Auflage. Gabler: Wiesbaden.

Rama Mohana Rao, K. (2009) *Service Marketing*. Pearson: Dew Delhi.

Stauss, B.; Seidel, W. (2014) *Beschwerdemanagement: Unzufriedene Kunden als profitable Zielgruppe*. Carl Hanser Verlag: München.

Stauss, B.; Seidel, W. (2015) *Beschwerdemanagement: Unzufriedene Kunden als profitable Zielgruppe*. Carl Hanser Verlag: München.

Stauss, B.; Seidel, W. (2002) *Beschwerdemanagement. Kundenbeziehungen erfolgreich managen durch Customer Care*. 3., vollständig überarbeitet Auflage. Hanser: München.

Stauss, B. (2013) *Kundenbindung durch Beschwerdemanagement*, in: Manfred Bruhn; Christian Homburg (Hrsg.): Handbuch Kundenbindungsmanagement, 8., überarbeitete und erweiterte Aufl., Wiesbaden, 2013, S. 399 – 427

Weyerer, B. (2019) *Beschwerdemanagement. Praxistraining*. UVK Verlag: München.

Wöhe, G. (2016) *Einführung in die Allgemeine Betriebswirtschaftslehre*. 26. Auflage. Vahlen. München.